人は短所で愛される

中谷彰宏

PHP文庫

○本表紙図柄＝ロゼッタ・ストーン（大英博物館蔵）
○本表紙デザイン＋紋章＝上田晃郷

◎まえがき◎

うまい役者は、
大成しない。
ヘタな役者が、
ヘタを受け入れる時、味が出る。

「二枚目でうまい役者は、大成しない」
と言われています。
短所があって、ヘタな役者のほうが、
役者としては、大成するのです。
ヘタだけれど、味のある役者になれるのです。
ヘタはヘタなりに、
自然体でするのがいいのです。
自分の短所や、自分のヘタさを受け入れる時、
その人しか出せない魅力が出てくるのです。
人生という舞台でも、同じです。
短所を直すことはありません。
短所をもっと伸ばしましょう。
短所にこそ、個性があるのです。

◎目次◎

まえがき
うまい役者は、大成しない。
ヘタな役者が、
ヘタを受け入れる時、味が出る。

失敗したら、
あとがある。 …… 18

疲れを生み出すのは、
仕事や遊びではなく、
「疲れた」という言葉だ。 …… 20

2枚ある集合写真に、
1枚だけ写っている人が
神様だ。 …… 22

ムリが、可能性を伸ばす。

ムラが、刺激を与える。

ムダが、豊かさを与える。

ムリ・ムラ・ムダをしよう。 …… 24

「くだらない」
と言うものの中に、
あなたにとって
いちばん
大切なものがある。 …… 26

出世や財産を
めぐる競争は、
しょせん電車の中の
席取り競争みたいなもの。 …… 28

「ダメだ」

と言う代わりに、

「タメだ」

と言おう。 …… 30

チャンスは、
他人事の中にある。
他人事を自分事に
考える人が成功する。 …… 32

逃げ道は、
いつも前にある。
前に逃げることを、
「進む」と言う。 …… 34

「難しい」と言うのはやめよう。

「難しかった」と言おう。 …… 36

間違った判断をする人は、
1人もいない。
ただ判断が早い人と
遅い人がいるだけだ。 …… 38

「やめたほうがいい」

と言われることは、やるべし。

「やったほうがいい」

と言われることは、やめるべし。 …… 40

もっとも相手の心に残る言葉は、
相手の名前を呼ぶこと。 …… 42

もっとも間違った生き方は、
いつも正しく
生きようとすることだ。 …… 44

今日は、幸せな1日でした。

歯が痛くならなかったから。 …… 46

役に立ちそうなことは、
役に立たない。
役に立たなそうなことが、
役に立つ。 …… 48

レストランのサンプルを見ると、
子供は必ず指で触わる。
大人は、本物を見ても、
ニセ物だと思っている。 …… 50

損をするように、努力しよう。
神様は、なかなか
損をさせてくれないものだ。 …… 52

人生は、ロング・スロー・ディスタンス。長く・ゆっくり・遠くまで。……54
映画館で座る時は、前の人を確認するのではなく、後ろの人を確認する。……56
負けるのは、より大きな勝ちを手に入れるためだ。負けて、負けて、もっともっと負けよう。……58
人生に王道なし。人生に邪道なし。新しい王道は、邪道から生まれる。どんどん邪道を選ぼう。……60
迷った時には、得にならないほうを選べば間違いない。……62
銀行では、100人待ちでも95人は整理番号札だけ取って帰ってしまう。……64
人と同じ方向に行くのは、空車の後ろを走る空車のタクシーのようなものだ。……66
放電器を使って1度カラッポにしたほうが、バッテリーをフルチャージできる。……68
凶を引いたら神社に残すことで厄払いができる。大吉は、持ち帰る。……70

完成したものには、
悪魔が忍び寄る。
一流の芸術家は、
わざと未完成の部分を残す。……72

たまに熱湯を流せば、
心のパイプは詰まらない。……74

面白いから、
一生懸命やるのではない。
一生懸命やるから、
面白いのだ。……76

もともと神様に
もらった幸せを
盗られて怒るのは筋違い。……78

壁は、心理的なもの。
知らなければ、
飛び越えている。……80

一流のマラソンランナーは、
42・195キロを走ろうと
していない。
5キロの走りを、
ただ積み重ねているだけだ。……82

本当の大酒飲みは、
週に2日
休肝日をつくる。
死ぬまでにたくさん飲めるように。……84

報酬を得るから、
プロではない。
誇りを持っているのが、
プロだ。……86

どんな仕事にもプロがいる。
プロのクワイエット係は、
声を出さずに
ギャラリーを静かにさせる。……88

初対面の相手に
猛獣が咬みつくふりをするのは、
様子を見るため。
人間もまた同じ。 …… 90

自分をイジメるのは、
やめましょう。 …… 92

サナギが死んで、成虫が生まれる。
死ぬというのは、
より高い段階に生まれ変わること。 …… 94

患者さんの痛みを
やわらげる3つの方法。
聞くこと、ほめること、
そして触れること。 …… 96

頼みごとをされるのは、
頼みごとを引き受けて
もらえることと同じくらいうれしい。 …… 98

楽観的な
右脳の小さな声にも、
耳を傾けよう。 …… 100

バンクス松のタネは、
山火事の時にだけ飛び散る。
人生にも、山火事が必要なのだ。 …… 102

たくさん手に入れるために、
人は苦しむ。
人を幸せにするのは、
たったひとつのもの。 …… 104

チリやホコリがなければ、
光は見えない。 …… 106

チャンスは、
パンチラのようなもの。
偶然を待つか、
神様のスカートをめくるか。 …… 108

自分を守る頑丈なヨロイが、
自分を閉じ込め、
フットワークを悪くさせている。……110

隠れて生きる虫になるか、
毒を持って
目立つ虫になるか。……112

たった1人助けるだけで、
100年後には、
94人の子孫を助けたことになる。
2000年たてば、神様になれる。……114

踏み絵をすることで、
信仰は深くなる。
神様は、踏まれても微笑んでいる。……116

初球は、ホームランボールが来る。
2ストライク後に、
ホームランバッティングができる。……118

ピッチャーの打率の差は、
「打つ気」の差だ。……120

会社の経費による
勉強や友達づきあいは、
身につかない。
自腹による勉強や
友達づきあいのみが身につく。……122

仕事に関係ない遊びを
持っていますか。
遊びにこそ、
知性が求められる。……124

失敗は、クモの巣のようなもの。
もがくことで、
自分でからまっていく。……126

仕事は、ケン玉のようなもの。
手首ではなく、膝が勝負。……128

カール・ルイスの記録をつくり出したのは、下半身ではなく鍛え上げられた上半身だ。……130
鍛え上げられた筋肉は、柔らかい。……132
あなたの頭の上でもあなたのお尻の下でも誰かがウンコをしている。でも気にならないのが輪廻転生。……134
大きな苦労を1つするよりは、小さなことを10個する。新しいことを3つするよりは、同じことを30回する。……136
割り切れない奇数の人になろう。理解されないということはあなたに才能がある証拠だ。……138
静かなところで大声で話している人に、歌のうまい人はいない。……140
本屋さんが近くにない人ほど、本を読んでいる。知性と肉体が同時に鍛えられる。……142
お金を払って運動することで、ふだんイヤイヤ歩いていることにも、価値が生まれる。……144
スリッパを履くのは、自分の足を汚さないためではなく、相手の家の床を汚さないためだ。……146
まっすぐ行こうとするから、跳び越えられない。斜めに跳び越える桂馬のような生き方をしよう。……148

成金になれる時でも、
あえて「成らず」を選べれば、
人生の有段者。……150

あらゆる問題は、対話の節約が原因。

対話を節約しないようにしよう。……152

「鬼は外、福は内」

とは、あつかましい。

「福は外、福は内」

と言う人に福の神は訪れる。……154

帝国ホテルの
オペレーターの香川さんは、
1度聞いた人の声を
全部記憶していた。……156

返信切手を入れるより、
返信用封筒を入れるのが、
本当の心配り。……158

毎朝会う駅員さんに、
挨拶をしたことがありますか？……160

電話を受けたら、
会社名だけではなく、
個人名も名乗ろう。……162

寅さんは、

「つらいよ」

とグチをこぼしたことがない。……164

作るプロは、
見えないところも完璧に作る。
見せるプロは、
完璧に作られたところを見せる。……166

悪口を言っていると、
ボキャブラリーが貧しくなる。
ほめていると、
頭が良くなる。……168

人生は、ブラックコーヒーと同じ。おいしさがわかってくれば、砂糖は要らなくなる。……170
風邪をひいた時に休む人が、仕事に真剣な人。……172
人間には、2通りいる。シャワーをプールに入る前に浴びる人。プールを出てから浴びる人。……174
神様は、大掃除をしてくれる。モノが壊れるのは、神様の大掃除。……176
神様は、めったにもらわない人に、おみやげを届ける。……178
ドライアイスの量でおみやげのありがたみがわかる。遠くで買うから、珍しがられる。……180
志が低くなると、高い所のものを取らなくなって二の腕に脂肪がつく。……182
スピードを出さないおばさんは、大事故を起こさない。……184
詐欺師の話術にだまされるのではない。自分の見栄にだまされるのだ。……186
亡くなった人に、助けられていることに感謝しよう。もちろん、生きている人に助けられていることにも。……188

簡単に儲かる商売は、すぐつぶれる。時間をかけて親しくなった友達は、長続きする。……190
逃げ道がなくなると、ヘルプの神様が現れる。ヘルプの神様が現れないうちは、まだ逃げ道がある。……192
あなた自身のファンになりましょう。あなた自身にファンレターを書きましょう。……194
あなた自身が、あなたを信じなければ誰もあなたを信じてくれません。……196
枝の形は、根の形と同じ。枝を大きくしたければ、根を大きくするだけでいい。……198
飛行機の中のハエは、時速1000キロで飛んでいるのではない。飛行機が飛んでいるだけだ。……200
人生に必要なもので、ABCストアに売ってないものはない。ハワイに行ってから、買えばいい。……202
人生のドラマは、長編連続ドラマ。1回や2回見逃しても、取り戻せる。……204

神様の交換条件――
他人の失敗を許そう。
その代わり、
あなたの失敗も
許そう。 …… 206

美術館には
タイトルを読みに
行くのではなく、
絵を味わいに行こう。 …… 208

「お疲れさま」

と言う代わりに、

「ありがとう」

と言おう。 …… 210

言い訳とお詫びを省けば、
スピーチは、
30秒になる。
しかも喜ばれる。 …… 212

「困った時には、これを開けよ」
一休さんの遺書を開けると
こう書かれていた。
「心配するな。なんとかなる」 …… 214

あとがき
「恩人ノート」を作ろう。
ノートに書き込むたびに、
助けてくれる人に
出会えるようになる。

人は短所で愛される

失敗したら、
あとがある。

「失敗したら、あとがない」と人は言います。
でも、本当でしょうか。
「失敗したら、あとがない」と言う人は、
1度も失敗したことがない人です。
あとがないに違いないと思い込んで、
踏み切れない人なのです。
あとがないのかどうか、
実際には確かめたことがないのです。
本当は、「失敗したら、あとがある」なのです。
何度失敗しても、チャンスは、無限にあるのです。
失敗するから、次々とチャンスに出会えるのです。
「失敗しない人には、あとがない」のです。

疲れを生み出すのは、
仕事や遊びではなく、
「疲れた」
という言葉だ。

「疲れた」という言葉が口癖の人がいます。
「疲れた」と感じた時は、
実はまだ疲れを感じていません。
「疲れた」という言葉を口に出した時、
初めて、疲れは出てくるのです。
こんなに働いたから、疲れたに違いない。
昨夜はほとんど寝ていないから、
疲れているに違いない。
遊びすぎて、疲れたに違いない。
疲れを感じているのではなく、
疲れているはずだと
思い込んでしまっているだけなのです。

2枚ある集合写真に、
1枚だけ
写っている人が
神様だ。

写真をたくさん持っている人は、友達の多い人です。
友達の多い人は、1枚撮ってもらったら、
必ず「今度は私が撮りましょう」という言葉を忘れません。
いつも撮られてばかりいる人は、
結局、友達が減っていきます。
その結果、写真が減ってしまうのです。
大勢で写真を撮る時、
2枚目はたいてい、カメラマンが交代します。
2枚目を撮る時にシャッターを押す側になれる人が、
友達が増える人です。
集合写真で、
2枚とも同じ位置でニコニコ笑って写っている人は、
友達がいなくなる人です。

ムリが、可能性を伸ばす。
ムラが、刺激を与える。
ムダが、豊かさを与える。
ムリ・ムラ・ムダをしよう。

子供の時から、
「ムリ・ムラ・ムダ」をなくすように教えられました。
でも、「ムリ・ムラ・ムダ」のない人生ほど、
つまらないものはありません。
「ムリ」が、あなたの可能性を伸ばします。
「ムラ」が、退屈な日常生活に、
予想もしない変化を与えてくれます。
「ムダ」が、生活を豊かにしてくれるのです。
「ムリ・ムラ・ムダ」がなければ、
誰が生きても代わりばえのしない人生になってしまいます。
「ムリ・ムラ・ムダ」にこそ、個性が出るのです。

「くだらない」
と言うものの中に、
あなたにとって
いちばん大切なものがある。

「くだらない」と言いながら、
ついつい見てしまうTV番組があります。
「くだらない」ものには、
「ためになる」ものや「得をする」ものにはない、
魅力があるのです。
「くだらない」と言う時、それを切り捨ててはいけません。
本当にくだらなければ、「くだらない」などと言う前に、
チャンネルを替えているはずです。
そこに、あなたの関心があるのです。
思わず「くだらない」と言ってしまうようなものを
大切にしましょう。
「くだらない」ものには、なかなかめぐり会えないのです。

出世や財産を
めぐる競争は、
しょせん電車の中の
席取り競争みたいなもの。

人生の大きな目標に向かって進んでいる人は、
小さな勝負でクヨクヨしたりしません。
人が言う成功、失敗というのは、
しょせん、電車の中の席取り競争のようなものです。
ドアが開いたとたん駆け出して、席を取れたときに、
「成功した」と言ってはしゃぎ、
席を取れなかったときに、
「負けた」と落ち込んでいるにすぎないのです。
ささいな出世や財産のために競争をするのは、
電車の中で席を奪うために、
つかみあいのケンカをしているようなものなのです。

「ダメだ」

と言う代わりに、

「タメだ」

と言おう。

つい「ダメだ」と、もらしていませんか。
人に対してだけでなく、自分自身に対しても、
「だから、ダメなんだ」と言ってしまっていませんか。
「ダメだ」と言ったとたん、ダメでないものまで、
みんなダメになってしまいます。
「ダメだ」と言いそうになったら、
濁点を取って、こう言いましょう。
「タメだ」
少しくらいうまくいかなくても、
ちょっとしたハードルさえ越えられれば、
最後に笑うことができます。
うまくいかないことは、「自分はダメだ」からではなく、
「自分のタメだ」なのです。

チャンスは、
他人事の中にある。
他人事を自分事に
考える人が成功する。

チャンスは、どこにあるのでしょうか。
チャンスは、他人事の中にあります。
他人事は、本当に他人の問題でしょうか。
電車の中で起こったこと。
隣の席で起こったこと。
隣の家で起こったこと。
新聞で起こったこと。
チャンスをつかめない人は、自分事を他人事にして、
知らんぷりをしてしまうのです。
チャンスをつかめる人は、
少なくとも、自分事を自分事として受け止めます。
そしてさらに、他人事を、
自分事にすることができるのです。

逃げ道は、
いつも前にある。
前に逃げることを、
「進む」と言う。

逃げ道は、どこにあるのでしょうか。
人はいつも、逃げ道を探しています。
逃げ道へ行くつもりで、
間違った方向へ向かってしまいます。
逃げ道のつもりで、後ろへ向かってしまいます。
後ろは逃げ道のようで、行き止まりです。
後ろへ向かったら、
逃げることは結局できないのです。
どんな時でも、逃げ道は、あなたの前にあります。
前に向かって、逃げましょう。
逃げ道が見つからないと言っている人は、
後ろばかり探しているからです。

「難しい」

と言うのはやめよう。

「難しかった」

と言おう。

「難しい」と言う人には、２種類の人がいます。
１人は、自分の能力がないことを知られたくない人。
もう１人は、失敗した時に、自分の責任でないと、
予防線としての言い訳をしておきたい人。
同じように失敗しても、
自分の能力以上のものにチャレンジする人は、
「難しい」とは言いません。
「難しい」ではなく、「いやあ、難しかったなあ」と、
笑いながら言います。
「難しい」と「難しかった」では、天地の開きがあるのです。
チャンスをつかめるのは、
もちろん「難しかった」と言う人です。

間違った判断をする人は、
1人もいない。
ただ判断が早い人と
遅い人がいるだけだ。

あらゆる人は、正しい判断をする力を持っています。
間違った判断をして、失敗する人は1人もいないのです。
にもかかわらず、失敗する人がいるのは、
どうしてでしょうか。
それは、正しい判断をしているのに、
まだ迷い続けることで、遅くなってしまうからです。
成功する人と、失敗する人の差は、
判断が正しいかどうかではありません。
判断が早いか遅いかという差なのです。
早い判断は正しい。
遅い判断は、間違っているのです。

「やめたほうがいい」

と言われることは、やるべし。

「やったほうがいい」

と言われることは、やめるべし。

みんなが口をそろえて「やめておくべきだ」と言うことは、
ぜひやるべきです。
みんなが反対するのに、
それでもなお、あなたは迷っているわけです。
あなたの中に、かなり強い熱意がある証拠です。
みんなが口をそろえて
「やったほうがいい」と言うことは、
やらないほうがいいでしょう。
みんなが賛成するのに、
それでもなお、あなたは迷っているのですから、
あなたにはそれほど熱意がないということなのです。

もっとも相手の心に残る言葉は、
相手の名前を呼ぶこと。

「もっとも、相手の心に残る気の利いた言葉はなんでしょうか？」

と神様に聞きました。

神様は、答えました。

「そうですねえ、中谷さん」

「神様にも、難しいのでしょうか？」

「難しいですねえ、中谷さん」

なぜだか、私には、
神様のひと言ひと言が心に残りました。

なるほど、そうか。

神様は、最初から答えを教えてくださっていたのです。

もっとも相手の心に残る言葉は、
相手の名前だったのです。

もっとも間違った生き方は、
いつも
正しく生きようと
することだ。

ときどきは、正しく生きましょう。
でも、正しく生きるのは、あくまで、ときどきでいいのです。
年がら年中正しく生きようとしなくてもいいのです。
「それは正しくない」と、まわりの人が言っても、
気にすることはありません。
正しいかどうかは、まわりの人が決めることではありません。
あなたが決めることでもありません。
正しいかどうかは、神様だけが決めることなのです。
神様だって、年がら年中正しいことばかりを
しているわけではありません。
だからこそ、信用できるのです。

今日は、幸せな1日でした。
歯が痛くならなかったから。

あなたの今日1日は、幸せな1日でしたか？
私は、幸せな1日でした。
なぜなら、歯が痛くならなかったからです。
歯が痛くならないことは、
当たり前のことではありません。
歯が痛くならないことほど、幸せなことはありません。
歯が痛くならないことに感謝して、
歯をいつもより丁寧に磨くことにしましょう。
歯が痛い時だけ、歯を磨くようではいけません。
歯が痛い不幸な時だけ文句を言う人にかぎって、
歯が痛くない幸せに感謝する気持ちを
忘れてしまっています。

役に立ちそうなことは、
役に立たない。
役に立たなそうなことが、
役に立つ。

役に立つことばかりをしようと思ってはいけません。
役に立たないことも、やりましょう。
一見、役に立ちそうなことは、実は役に立ちません。
役に立たなそうなことが、実は役に立つのです。
役に立つ神様は、へそ曲がりです。
役に立つからといって近づいてくる人には、
協力してくれません。
役に立つことなど、期待しないで近づいてくる人にだけ、
協力するのです。
役に立つからと近づいてくる人は、
役に立たないことがわかると、
すっといなくなってしまうからです。
役に立たないことを大切にしましょう。

レストランのサンプルを見ると、
子供は必ず指で触わる。
大人は、本物を見ても、
ニセ物だと思っている。

子供は、レストランの前に置かれたサンプルを見ると、
必ず、指で触わって本物かどうかを確かめます。
あなたも、かつては触わって確かめていませんでしたか？
それがいつの間にか、サンプルを指で触わって確かめるのを、
やめてしまいます。
どうせ作り物だと、最初からわかっているからです。
でも、ひょっとしたら、本物かもしれません。
子供は、なんでも本物だと信じます。
大人は、なんでもニセ物だと決めてかかります。
そうして本物との出会いのチャンスを失っているのは、
大人なのです。

損をするように、
努力しよう。
神様は、なかなか
損をさせてくれないものだ。

損をするように、努力してみましょう。
やってみると、損をするのは意外に難しいのです。
得をすることのほうが、もっと簡単です。
損をしようとすると、たいてい大きな損をします。
得をしようとすると、損ができなくて、
たいてい大きな得になってしまうのです。
「こうしたら、得できますよ」という話は、
まわりの人たちが教えてくれます。
「こうしたら、損できますよ」という話は、
誰も教えてくれません。
財テクの勧誘の人に
「損できる方法はありませんか」と聞いたら、
あきれて帰ってしまいました。

人生は、ロング・スロー・ディスタンス。
長く・ゆっくり・遠くまで。

「L・S・D」を楽しみましょう。
危ない薬のことではありません。
「ロング・スロー・ディスタンス」のことです。
「長く、ゆっくり、遠くまで」ということです。

軽い運動を長く続けることが、もっともやせる動き方なのです。
激しい運動は、長く続けることができません。
軽い運動なら、長く続けることができます。
距離が同じなら、ゆっくり運動したほうが、
脂肪の燃焼は多いのです。
激しい運動は、疲れるだけで、やせないのです。
人生の道のりも
「ロング・スロー・ディスタンス」で行きましょう。

映画館で座る時は、
前の人を
確認するのではなく、
後ろの人を確認する。

映画館で席に座る時、
たいてい前に人のいない席を選んで座ります。
前に人がいると、頭がジャマで、
スクリーンが見えにくいからです。
ところが、自分が座った席の後ろに、
すでに人が座っているかどうかを気にする人は、
ほとんどいません。
あなたが座った後ろの人が、
あなたが座ったおかげでスクリーンが見えにくくなって、
席を移動していることに気づいていますか。
人生という映画館で席を選ぶ時は、
前に人がいるかどうかではなく、
後ろに人がいるかどうかを確認してから選びましょう。

負けるのは、
より大きな勝ちを
手に入れるためだ。
負けて、負けて、
もっともっと
負けよう。

簡単に勝ってはいけません。
簡単に勝つことほど、つまらないことはありません。
できるだけ、負けましょう。
負けて、負けて、負けて、それでも、まだ勝つのは早すぎます。
何のために負けるのか。
負けるのには、目的があります。
負けるのがイヤなのは、
その人が負けることの目的に気づいていないからです。
目的のない負けほど、むなしいものはありません。
目的さえあれば、もっと負けたくなります。
負けることの目的は、たったの1つです。
もっと大きい勝ちを手に入れるために、負けるのです。

人生に王道なし。
人生に邪道なし。
新しい王道は、邪道から生まれる。
どんどん邪道を選ぼう。

人生に、王道はありません。
王道だと思っている道は、誰もが進むので、
渋滞していて、なかなか成功にたどり着けないのです。
王道がなければ、邪道もありません。
「それは、邪道だよ」と言われることは、
実は、未来の王道なのです。
成功した人は皆、王道ではなく、
「それは、邪道だよ」と非難されながらも、
邪道をあえて選んだ人たちです。
王道を選ばなかった人だけが、成功することができるのです。
邪道は、空いています。
そしてなによりも、邪道は楽しみがいっぱいです。
どんどん邪道を歩きましょう。

迷った時には、
得にならないほうを
選べば
間違いない。

Aにしようか、Bにしようか、迷った時は、
どちらが得になるかを考えてみてください。
そして、迷わず、得になるほうを捨ててください。
迷うということは、両者がほとんど同点ということです。
得になるほうは、得になるという点で、
同点に持ち込めているのです。
得になるというポイントがなければ、
もう一方のほうが、選びたい理由はたくさんあるのです。
にもかかわらず、ほとんどの人が、
迷ったら、迷わず、
得になるほうを選んでしまっているのです。

銀行では、
100人待ちでも
95人は整理番号札だけ取って
帰ってしまう。

銀行に行くと、整理番号の紙は10人待ちでした。
その時、あなたならどうします？
10人も待っているならと、あきらめて帰ろうとしていませんか。
ちょっと待ってください。
整理番号が10人待ちの時でも、
そんなに待っていられないという人が、
もうすでに5人帰ってしまったのです。
結局、待つのは5人です。
整理番号が、１００人待ちでも、
待ち切れないで95人の人が帰りました。
どんなに順番がうしろでも、
実際に待っている人は5人しかいないのです。
慌てないで、待ったもん勝ちです。

人と同じ方向に
行くのは、
空車の後ろを走る
空車のタクシーのようなものだ。

成功を追い求める人は、
お客さんを探しながら走るタクシーのようなものです。
あなたは、ほかの空車のタクシーの後ろばかり
追いかけて走っていませんか？
空車のタクシーの後ろを追いかけていたのでは、
たとえお客さんが見つかっても、
前の空車に乗られてしまいます。
ほかのタクシーが行かないところに向かって
走らなければならないのです。
まわりの人があっちへ行くからと、
後ろから同じほうへ追いかけることが、
成功へのいちばんの遠回りなのです。

放電器を使って
1度カラッポにしたほうが、
バッテリーを
フルチャージできる。

ミニ４駆のレース前に、
参加者は、放電器を使って電池をカラにします。
ミニ４駆のレースで勝つコツは、
バッテリーをフルチャージすることです。
バッテリーをフルチャージするために、放電器を使って電池を１度完全にカラッポにするのです。
それから充電するのです。
電池が中途半端に残ったまま充電しても、
電池は満タンになりません。
完全にカラッポにしたほうが、満タンにできるのです。
たまには、放電器を使って、
心と身体の電池をカラッポにしましょう。

凶を引いたら
神社に残すことで
厄払いができる。
大吉は、持ち帰る。

おみくじを引いて、凶が出たからといって、
ガッカリすることはありません。
その凶は、神社の樹に結んでくればいいのです。
そうすることで、あなたは災いを厄払いできるのです。
凶が出る確率は、ほとんどありません。
凶が出た時だけ、厄払いができるのです。
凶を引き当てることのできる人は、
それだけでも強運の持ち主です。
凶は、強に通じるのです。
凶が出た時こそ、あなたはついているのです。
大吉が出たらどうするか？
幸福は、持ち帰ればいいのです。

完成したものには、
悪魔が忍び寄る。
一流の芸術家は、
わざと未完成の部分を残す。

京都の知恩院の御影堂《みえい》の屋根の上には、
瓦が2枚だけ多く重ねて置かれています。
まるでこれから、その2枚の瓦の延長線上に、
さらに瓦を積んでいく予定があるかのようです。
建築の途中であるかのようなのです。
完成したものは、滅びるのみです。
完成の途上にあって、完成を目指すものは、
永遠に滅びないのです。
御影堂の軒下には、傘が置かれています。
名工左甚五郎《ひだりじんごろう》が、あまりに完成度が高いので、
わざとまだ続きがあるように、
傘を置いたのだそうです。

たまに熱湯を流せば、
心のパイプは詰まらない。

台所の流しは、使っているうちに、
だんだん流れが悪くなってきます。
日々の積み重ねで、
配水管のパイプが少しずつ詰まってくるのです。
流れが悪くなったら、
熱湯を沸かして配水管に流すと、流れがよくなります。
心のパイプも、毎日の汚れが積み重なって、
しだいに流れが悪くなります。
ときどき、ショックなことがあるのは、
熱湯を流しているようなものです。
ショックなことがあるおかげで、
心のパイプの流れは、よくなるのです。

面白いから、
一生懸命やるのではない。
一生懸命やるから、
面白いのだ。

自分のやっている仕事が面白くないと言う人がいます。
面白くないので、一生懸命やる気が起こりません。
「面白い仕事なら、一生懸命やるのに」と言います。
でも本当は、逆なのです。
面白い仕事だから、一生懸命やるのではありません。
一生懸命やるから、面白くなるのです。
どんなに面白い仕事でも、
中途半端な気分でやったら、面白くありません。
どんなに面白い遊びでも、
遊び半分でやったら、面白くありません。
面白い遊びを一生懸命するから、
面白くなるのです。

もともと神様に
もらった幸せを
盗られて怒るのは
筋違い。

野生の熊が、人間に対してもっとも凶暴になるのは、
エサを取る瞬間ではありません。
人間にエサを取られそうになって、
取られないように守ろうとする瞬間です。
でも、それも自分勝手な話です。
もともとそのエサは、人里から熊が盗んできたものなのです。
熊は、盗んできたエサであるにもかかわらず、
最初から自分のエサであるかのように思い込んでしまうのです。
人間も同じです。
神様からもらった幸せなのに、
もともと自分の幸せだったと勘違いして、凶暴になるのです。

壁は、心理的なもの。
知らなければ、飛び越えている。

重量挙げのジャーク競技には、
「500ポンド(約227キログラム)の壁」があると
言われていました。
500ポンドの壁がなかなか越えられなかったのです。
499ポンドの記録保持者のバレリーが、
この時、挙げたバーベルは、
係員の手違いで
実は500ポンド以上あったことがわかりました。
このニュースを聞いた世界中の6人の選手が、
あっという間に、
いままで挙げられなかった500ポンドを挙げてしまいました。
壁とは、そういう心理的なものなのです。

一流のマラソンランナーは、
42・195キロを
走ろうとしていない。
5キロの走りを、
ただ積み重ねて
いるだけだ。

フルマラソンを走る時、

三流のランナーは、「やっと5キロ……やっと10キロ……」と

スタートからの距離を考えて走ります。

二流のマラソンランナーは、

「あと40キロ……あと35キロ……」と

ゴールまでの距離を考えて、走ります。

一流のランナーは、

スタートからの距離も、ゴールまでの距離も、意識しません。

常に、5キロをマイペースで走ることだけを考えています。

どんなに長い距離も、5キロの積み重ねなのです。

長い人生も、今日という1日1日の積み重ねなのです。

本当の大酒飲みは、
週に2日
休肝日をつくる。
死ぬまでにたくさん飲めるように。

本当にお酒の好きな人は、
毎日お酒を飲んだりしません。
週に2日は、肝臓を休めます。
そうすることで、長生きできて、
一生という単位で考えれば、
長い間、たくさんお酒を楽しむことができるからです。
毎日休まずにお酒を飲む人は、
肝臓に負担をかけて、寿命を縮めてしまうので、
結局、一生の間に飲めるお酒の量は、
圧倒的に少なくなってしまいます。
休肝日をつくれるようになって、
一流の酒飲みになれるのです。

報酬を得るから、
プロではない。
誇りを持っているのが、
プロだ。

プロとアマの違いは、どこにあるのでしょうか。
「本当はこんな仕事はやりたくない」
と文句を言いながらしている人は、
プロではありません。
どんな仕事にもプロがいます。
ハリウッドの撮影現場には、
スタッフやキャストに水を配っている人がいます。
その人は、当意即妙の間合いで水を持ってきます。
「水をください」と言われて持ってくるのではありません。
ノドが渇いた時に、持ってきてくれるのでもありません。
その人が水を差しだすことによって、
ノドが渇いていたことに気づくのです。

どんな仕事にもプロがいる。
プロのクワイエット係は、
声を出さずに
ギャラリーを静かにさせる。

ゴルフのトーナメント会場には、
「クワイエット(お静かに)」というプラカードを
持っている人がいます。
ギャラリーを静かにさせて、
試合中のプレイヤーに精神集中をさせることが仕事です。
一流のクワイエット係をよく見ていると、
ほとんど「ビー・クワイエット」という声は出していません。
プラカードの角度をうるさいギャラリーに少し向けるだけで、
その付近を静かにさせてしまいます。
プレイヤーと同じように、
クワイエット係も、プロなのです。

初対面の相手に
猛獣が咬みつくふりをするのは、
様子を見るため。
人間もまた同じ。

あらゆる動物は、猛獣も含めて、
初めて出会った動物に、近づいてきます。
好奇心から、相手の匂いをかいで、
何者であるかを確認しようとするのです。
おびえないで、匂いをかがせてあげればいいのです。
いきなり咬みついたりはしません。
咬みつこうとしたとしても、
様子を見るために咬みつくふりをするだけです。
相手の正体がわからないから、
怖くなって咬みつくのです。
相手が敵でないことがわかれば、警戒心を解いてくれます。
人間という猛獣と仲良くなるのも同じです。

自分をイジメるのは、
やめましょう。

あなたは、誰かをイジメていませんか?
「とんでもない、イジメなんかしたことがない」
と言うでしょう。
あなたは、あなた自身をイジメていませんか?
どうして、ダメなのか。
どうして、できないのか。
もっとも救いのないイジメは、
自分自身に対するイジメです。
助けてあげなければならない自分が、
イジメる側にまわってしまったら、
もう誰も守ってくれません。
自分自身をイジメるのは、やめましょう。

サナギが死んで、
成虫が生まれる。
死ぬというのは、
より高い段階に生まれ変わること。

タマゴからかえるというのは、
タマゴが壊れるということです。
タマゴが死んで、幼虫が生まれるのです。
幼虫がサナギになって動かなくなると、
その幼虫は死んだように見えます。
幼虫の仲間たちは、
「お気の毒に」と言って悲しんでいることでしょう。
でも、幼虫が死ぬことで、サナギが生まれるのです。
サナギの殻を破って、中から成虫が出てきます。
サナギが死ぬことで、
成虫が生まれるのです。

患者さんの痛みを
やわらげる3つの方法。
聞くこと、ほめること、
そして触れること。

いいお医者さんの条件は何でしょうか。
薬をたくさんくれる人でも、
手術が上手な人でもありません。
いいお医者さんの条件は、3つです。
①患者さんの話を聞いてあげること。
②患者さんをほめてあげること。
③患者さんに触わってあげること。
この3つのことが、患者さんの痛みをやわらげるのです。
そして、心と身体を癒すのです。
この3つのことは、実はお医者さんだけではなく、
コミュニケーションをする時に、
いちばん大切な3つのことなのです。

頼みごとをされるのは、
頼みごとを引き受けて
もらえることと同じくらい
うれしい。

自分の頼みごとを引き受けてもらえるのは、
うれしいものです。
相手から頼みごとをされるのも、うれしいものです。
頼みごとをしてばかりいると、心苦しいのです。
いつも頼みごとばかりしている人は、
頼みごとをされることで、
やっとお返しできたと、ほっとすることができます。
思いやりのある人は、ときどき頼みごとをしてくれます。
頼みごとをされることで、
された人もうれしくなるし、
頼みごとをした人も喜びます。
頼みごとは、2人の人を幸せにします。
頼みごとは、心の贈り物なのです。

楽観的な右脳の小さな声にも、
耳を傾けよう。

迷っている時は、
脳の中で会議をしているのです。
理屈っぽい悲観主義者の左脳は、いつも反対派です。
「危険だ。やめよう」と言います。
楽観主義者の右脳は、
「面白そうだから、やってみよう」と、いつも賛成派です。
左脳は、人数も多く、声も大きい。
だから、ついつい反対派の意見に流されてしまいます。
右脳にも、発言のチャンスを与えてあげましょう。
右脳の小さな声にも、
耳を傾けてあげましょう。
そうすると、もっと楽しい結論が出るはずです。

バンクス松のタネは、
山火事の時にだけ
飛び散る。
人生にも、山火事が必要なのだ。

山火事が起ることで、うっそうと茂った森にすき間ができて、
太陽の光が当たるようになります。
燃えたあとの灰が肥料になります。
山火事が起こらないと、
光と肥料が足りなくなって、
森が全滅してしまうのです。
バンクス松のタネは、山火事で温度が50度以上になった時だけ、
はじけて飛び散ります。
自然発生で起こる山火事も、
森が生きるためには必要なのです。
最近の森林警備隊は、
人工的に山火事を起こすことで、
大きな山火事を防いでいます。

たくさん手に入れるために、
人は苦しむ。
人を幸せにするのは、
たったひとつのもの。

人が苦しむ原因は、たったひとつです。
たくさんのものを手に入れようとするからです。
たくさんのものを手に入れたからといって、
幸せになれるわけではありません。
人が幸せになるのは、
たったひとつのものを手に入れることです。
たったひとつの夢を持つことで、幸せになれます。
たったひとつの歌を口ずさめるだけで、幸せになれます。
たったひとりの友達がいるだけで、幸せになれます。
たったひとつのものを手に入れれば幸せになれるのに、
たくさんのものを手に入れようとして、苦しんでいるのです。

チリやホコリがなければ、
光は見えない。

暗闇の中に、どんなに強いスポットライトを当てても、
その光を見ることはできません。
きれいすぎる空気の中では、光は見えないのです。
空気中にチリやホコリがあると、
そのチリやホコリに反射して初めて、光が見えるのです。
舞台では、スポットライトを生かすために、
スモークをたきます。
光を見るには、
ある程度のチリやホコリが、必要なのです。
チリやホコリがあるから、
光は、光線となって輝いて見えるのです。

チャンスは、
パンチラのようなもの。
偶然を待つか、
神様のスカートをめくるか。

チャンスは、一瞬、スカートが風にたなびいて、
パンツがちらりと見えるようなものです。
「あっ、見えた」と言われてからふり返ったのでは、
間に合いません。
パンチラを見るチャンスは、
そう長くは続きません。
ボーッとしている人は、
パンチラを見つけることができません。
人生、ボーッとしていては、
パンチラに出会えません。
では、どうするか。
神様のスカートをめくればいいのです。

自分を守る頑丈なヨロイが、
自分を閉じ込め、
フットワークを
悪くさせている。

あなたのヨロイは、どんな敵の攻撃でも跳ね返します。
あなたの頑丈なヨロイは、
あなたを閉じ込めるオリにもなっています。
頑丈なヨロイを着ているおかげで、
自由に飛びまわることができません。
あなたの頑丈なヨロイは、
あなたを縛りつけるクサリになっています。
頑丈なヨロイを着ているおかげで、
大きく成長することができません。
あなたの頑丈なヨロイは、
あなたの足を引っ張るオモリになっています。
頑丈なヨロイがあるおかげで、
フットワークが悪くなってしまっています。

隠れて
生きる虫になるか、
毒を持って
目立つ虫になるか。

虫は生き延びるために、2つの方向へ進化しました。
1つは、まわりの環境に溶け込むことで、
敵から隠れる生き方です。
これが擬態です。
もう1つは、目立つことで、敵を威嚇《いかく》することです。
目立つ虫は、毒を持っています。
「毒があるから、食べられないぞ」
というアピールをするのです。
人間も2種類の進化をしました。
出る杭は打たれるからといって擬態をするタイプと、
打たれないために出る杭になるタイプです。
あなたは、どちらですか？

たった1人助けるだけで、
100年後には、
94人の子孫を助けたことになる。
2000年たてば、神様になれる。

たった1人を助けるだけで、
その人の配偶者と2人の子供を合わせて、
4人を助けたことになります。
25年後には、その2人の子供と結婚相手、
さらに4人の孫を合わせて、10人を助けたことになります。
50年後には、孫の結婚相手と8人のひ孫を合わせて、
22人を助けたことになります。
75年後には、46人を助けたことになります。
100年後には、94人を助けたことになります。
2000年たったら……。
たった1人の人を助けるだけで、
あなたは神様になれるのです。

踏み絵をすることで、
信仰は深くなる。
神様は、
踏まれても微笑んでいる。

江戸時代、キリスト教徒を弾圧するために、
イエス・キリストの姿を描いた絵を踏ませる
「踏み絵」という政策がとられました。
キリスト教を日本に普及させることになったのは、
まさにこの「踏み絵」だったのではないでしょうか。
信者は、踏み絵をすることで、
ますます信仰を深くしたはずです。
会社でも、家庭でも、踏み絵のようにつらいことを、
私たちは毎日経験させられています。
踏み絵のようにつらいことをさせられることで、
信じる力がより強くなっていくのです。

初球は、
ホームランボールが来る。
2ストライク後に、
ホームランバッティングができる。

ホームランバッターは、初球を狙うバッターが多い。
好きなコースのボールが来た時、
迷わず振っていくことができるからです。
三振の心配もないので、思い切り空振りもできます。
まさか初球から打ってくることはないだろうと、
ピッチャーが油断しているので、
甘い球が来ることも多いのです。
そうかと思うと、通常、打者に不利な2ストライクから、
ホームランが生まれることも多いのです。
力を抜いたミート打法に徹するために、
ぐんぐん球が伸びていくのです。

ピッチャーの打率の差は、
「打つ気」の差だ。

ピッチャーがヒットを打って、
勝負が決まる試合が少なくありません。
野茂選手や桑田選手は、優れたピッチャーであるだけでなく、
優れたバッターです。
ピッチャーの打率は、打撃センスで決まるのではありません。
「打つ気」で決まるのです。
どうせ自分は投げていればいいんだと思っているピッチャーは、
バッターボックスに入っても、まるで打つ気がありません。
「投手は、9人目の打者」と、
打つ気マンマンのピッチャーは、打てるのです。
ヒットを打った後は、ピッチングの調子も良くなるのです。

会社の経費による勉強や
友達づきあいは、
身につかない。
自腹による勉強や
友達づきあいのみが
身につく。

身につく勉強と、身につかない勉強があります。
会社の経費でやっている勉強は、
どんなにやっても身につきません。
お金は節約できても、時間のムダになっています。
自腹を切ってやっている勉強は、必ず身につきます。
経費で遊んでも身につきませんが、
自腹で遊んでいれば、必ず身につきます。
経費で交際費をいくら使っても、
本当の友達はできませんが、
自腹でつきあっていると、本当の友達ができます。
経費で勉強し、友達をつくることほど、
ムダ使いはないのです。

仕事に関係ない遊びを
持っていますか。
遊びにこそ、
知性が求められる。

「仕事」は誰にでもできますが、「遊び」はそうはいきません。
仕事より、遊びのほうが数段難しいのです。
あなたの遊びは何ですか？
それは、仕事に関係していますか？
お酒を飲む、ゴルフに行く、カラオケに行く、麻雀をする……。
日本のサラリーマンの遊びは、
本当の意味での遊びではなく、仕事の一部だったのです。
遊びには、マニュアルがありません。
遊びには、命令がありません。
遊びにこそ、知性が必要なのです。
ちゃんと遊ぶことができる人にとっては、
仕事は簡単なのです。

失敗は、
クモの巣のようなもの。
もがくことで、
自分でからまっていく。

クモの巣に引っかかっただけでは、
致命傷にはなりません。
クモの巣にからまった時、初めて、クモの犠牲になるのです。
木の葉はクモの巣にからまったりはしません。
なぜなら木の葉は、クモの巣に引っかかっても
ジタバタしないからです。
ジタバタすることで、クモの巣にからまっていくのです。
クモの巣にからめているのは、
クモではなく、自分自身なのです。
失敗しても、木の葉のように、
ひょうひょうと風に吹かれていましょう。
そうすれば、失敗というクモの巣から離れられるのです。

仕事は、
ケン玉のようなもの。
手首ではなく、
膝が勝負。

ケン玉で、狙った穴になかなか入らない人は、
手首だけで入れようとしています。
ケン玉の名人になると、手首はほとんど動きません。
手首どころか、腕や上半身が、ほとんど動かないのです。
どこで動きを調整しているかよく見ると、
それは柔らかな膝なのです。
仕事も、ケン玉も、結局は、下半身のフットワークが勝負です。
売り上げがあがらないとボヤいている人は、
ほとんど手首だけで仕事をしようとしています。
売り上げを伸ばしている人は、
膝から下で仕事をしています。
仕事は、膝でするものです。

カール・ルイスの記録を
つくり出したのは、
下半身ではなく
鍛え上げられた上半身だ。

１００ｍ走や三段跳びというと、
下半身が勝負のように思えますが、
それだけではダメなのです。
スプリンターの加速力は、上腕の振りから生まれます。
ボクサーのパンチ力は、
腰のひねりと下半身の蹴りで決まります。
つい、仕事をする部分の近くばかりに力を入れてしまって、
身体が硬くなってしまいます。

仕事で成功する人は、
一見、仕事から離れたところに力を入れています。
仕事のそばでは力を抜いているので、
いざという時に最大限の力を発揮できるのです。

鍛え上げられた筋肉は、
柔らかい。

スポーツ選手の筋肉に触わったことがありますか？
カチカチの筋肉かと思うと、意外に柔らかなのです。
正しく鍛えられていて、
力を発揮することのできる筋肉は柔らかなのです。
そのために、筋肉トレーニング以上に時間をかけて、
入念にストレッチを行います。
硬い筋肉だから力を発揮できるのではありません。
いざという時、力を発揮できるのは、
柔らかな筋肉なのです。
筋肉に触わって、硬いと感じる時は、
筋肉が疲れている時です。

あなたの頭の上でも
あなたのお尻の下でも
誰かがウンコをしている。
でも気にならないのが輪廻転生。

肉体は滅んでも、精神は滅びません。
今のあなたの肉体が滅んでも、
精神は別の肉体に生まれ変わります。
生まれ変わっているということに、
自分で気がついていないだけです。
精神の生まれ変わりはマンションのトイレのようなものです。
あなたがウンコをしているその上の階で、
誰かがウンコをしているのです。
あなたの下でも、誰かがウンコをしているのです。
でも、気にならない。
あなたは気がつかなくても、精神は生まれ変わっています。
だから、死後のことをクヨクヨと心配する必要はないのです。

大きな苦労を1つするよりは、
小さなことを10個する。
新しいことを3つするよりは、
同じことを30回する。

成功するためには、
たいへんな苦労をしなければならないわけではありません。
たいへんな苦労を1つするよりは、
誰でもできる小さなことを、
10個した人が成功するのです。
成功するためには、
次から次へと新しいことをする必要があるわけではありません。
たくさんの経験を積まなければならないわけでもありません。
新しいことを3つするよりは、
同じことでもコツコツと
30回繰り返すことのできる人のほうが、
成功するのです。

割り切れない
奇数の人になろう。
理解されないということは、
あなたに才能がある証拠だ。

人間には、2通りあります。
「偶数の人」と「奇数の人」です。
割り切れる人が「偶数の人」で、
割り切れないのが「奇数の人」です。
割り切れなくていいのです。
あの人は、矛盾していると言われたら、それでいいのです。
割り切れないところから、不思議な力が生まれるのです。
奇跡・奇才・奇縁・奇術・奇想天外・奇談・奇人・奇麗。
すべて、割り切れない人だけが持つ魅力なのです。
わかりやすい人に理解されないことによって、
あなたが奇人であることが証明されるのです。

静かなところで
大声で話している人に、
歌のうまい人は
いない。

静かなところで大声で話す人に、
歌のうまい人はいません。
歌がうまいかどうかは、
ノドがいいということではありません。
歌がうまい人は、耳がいいということです。
自分の声の音程が、ちゃんと合っているかどうかを、
モニターしながら歌うことができるから、
うまく歌えるのです。
歌がヘタな人は、
自分の歌っている声が聞こえないのです。
静かなところで、
大声で話して迷惑になっていることに気づかない人は、
自分の声をモニターする耳を持っていないのです。

本屋さんが近くにない人ほど、
本を読んでいる。
知性と肉体が
同時に鍛えられる。

家が駅から遠いことは、素晴らしいことです。
駅までの長い距離を歩いていかなければなりません。
必然的に運動をすることになります。
毎日のこの運動量の蓄積は、
一生を通して、あなたの健康を長持ちさせてくれます。
「本屋さんが近くにあれば、もっと本を読めるのに」
とこぼしている人は、
遠いから本が嫌いになったわけではありません。
もともと、本が好きではないのです。
本が好きで、なおかつ本屋さんが離れていたら、
知性と肉体と、両方を手に入れることができるのです。

お金を払って
運動することで、
ふだんイヤイヤ歩いていることにも、
価値が生まれる。

どうしてフィットネスクラブで、
わざわざお金を払って、
運動をしなければならないのでしょう。
わざわざお金を払うからいいのです。
タダだったら、あんなに一生懸命はできないでしょう。
お金を払ってするから、
なんでもない運動を一生懸命できるのです。
お金を払って、ウォーキングマシンの上を歩かなくても、
毎朝の駅までの道を、ジムのつもりで歩けばいいのです。
お金を払ってジムへ行くことで、日常生活の中で、
タダでしていることや、イヤイヤやっていることに、
価値が生まれてくるのです。

スリッパを履くのは、
自分の足を汚さないためではなく、
相手の家の床を
汚さないためだ。

よそのオタクを訪問すると、
「スリッパをどうぞ」とすすめられます。
遠慮して、スリッパを履かないのは、
実は、失礼なことなのです。
自分の足の裏が汚れるのは、
仕方のないことです。
でも、足の裏で、汚れを運ぶのがいけないのです。
訪問先で、スリッパを履くのは、
自分のためではなく、相手のために必要なのです。
往々にして、自分のことだけを考えて遠慮してしまいがちです。
遠慮しようかどうか迷った時は、
相手のことも考えてみましょう。

まっすぐ行こうとするから、
跳び越えられない。
斜めに跳び越える
桂馬のような生き方をしよう。

将棋の駒は、進む方向に駒があると、
跳び越えて進むことはできません。
進む方向にある駒が相手の駒なら、
まず取らなければなりません。
ジャマになっている駒が自分の駒なら、
取ることもできません。
唯一、相手の駒だろうが、自分の駒だろうが、
駒を跳び越えることができるのが「桂馬」です。
「桂馬」の跳び越え方は、まっすぐではなく、
2つ先の1つ横という斜め跳びです。
人生において何かを跳び越えなければならない時も、
斜めに跳び越えるのがコツなのです。

成金になれる時でも、
あえて
「成らず」を選べれば、
人生の有段者。

将棋に「成る」というルールがあります。
敵の陣地に入ると、「金」に出世するのです。
ところが、成らないという方法もあります。
初心者は、敵陣に入ると、
ついうれしくて成ってしまいますが、
上級者は、あえて「成らず」という手も使います。
成らないことで、香車や桂馬や銀は、
金よりも、動きが制限されますが、
その駒独自の動きを、生かすことができるのです。
「成る」というチャンスがあった時に、
「成らず」という選択肢もあるのだということを、
頭の隅に置いておきましょう。

あらゆる問題は、
対話の節約が原因。
対話を
節約しないようにしよう。

対話を節約しすぎていませんか。
上司と部下の対話、親と子供の対話、親友との対話、
恋人との対話、妻と夫の対話、先生と生徒の対話、
先輩と後輩の対話、近所の人との対話。
対話は、人との対話だけではありません。
植物との対話、ペットとの対話、自然との対話、
パソコンとの対話、クルマとの対話。
対話は、相手に近づく手段ではありません。
対話している時、
もう相手と同化しているのです。

「鬼は外、福は内」

とは、あつかましい。

「福は外、福は内」

と言う人に福の神は訪れる。

節分の豆まきをする時に、
「鬼は外、福は内」と言います。
「鬼は外、福は内」と言う家には、福の神は訪れません。
福の神は、往々にして、
鬼のかっこうをしているからです。
せっかく福の神があなたの家に入ろうとしたのに、
追い出してしまうことになるのです。
福と鬼とを区別していると、
福の神を見つけることはできません。
福の神を独占して、
拘束しようとしてもいけません。
「福は外、福は内」でいいのです。

帝国ホテルの
オペレーターの香川さんは、
1度聞いた人の声を
全部記憶していた。

電話で声を聞くだけで、誰だかわかる人は、何人いますか？
帝国ホテルで、
電話のチーフオペレーターをしていた香川ヨネさんは、
500人のお客さんの声を記憶していたそうです。
「もしもし」と言うだけで、
「あっ、□□さん」と挨拶をされたそうです。
香川さんは、運輸大臣賞も受賞されました。
名刺に頼っていては、人脈を広げることはできません。
何度会っても顔すら覚えない人もいます。
要は、覚えようという意識さえあれば、
声でも覚えることができるのです。

返信切手を入れるより、
返信用封筒を
入れるのが、
本当の心配り。

手紙を送る時、返信用の切手を入れる人がいます。
これは、相手に対して思いやりがあるようで、
思いやりに欠けています。
気配りができる人は、返信用切手ではなく、
宛名を書いた返信用封筒を同封しています。
返事を出す時、手間がかかるのは、
返信用の宛名を書く作業です。
決して、切手代が惜しくて返事を書かないわけではありません。
返信用の切手を入れる人は、
物事をお金で解決しようとする発想の人です。
お金ではなく、手間をかけましょう。
相手の手間を省くことを考えましょう。

毎朝会う駅員さんに、
挨拶をしたことがありますか?

出会いがないと言っている人は、
たいてい、出会いを無視してしまっています。
あなたが毎朝電車に乗る駅の改札の人の名前を
知っていますか?
「おはよう」と声をかけたことがありますか?
降りる駅の改札の人は、どうですか?
毎日会っている人なのに、挨拶もしたことがないのですか?
行きと帰りで1日に2回会う場合もあります。
無人駅ならともかく、
たとえ自動改札でも、人がいない駅はありません。
あなたが無視しているだけなのです。

電話を受けたら、
会社名だけではなく、
個人名も
名乗ろう。

電話を受け取った時、名乗っているのは、
会社名だけではありませんか？
相手は、その時、あなたに用がなければ、
ほかの人を指名するでしょう。
あなたに用がある時に、わざわざ
「□□さん、お願いします」「私です」
というやり取りをさせるのは、
相手に対して、手間を取らせることになります。
あなたはわかっていても、相手にはわからないかもしれませんし、
気づいていても聞きにくいのです。
あなたの知っている人からかかってきた電話だとしたら、
わかった時点で、「□□です」と名乗りましょう。

寅さんは、
「つらいよ」
とグチを
こぼしたことがない。

映画『男はつらいよ』の中で、寅さんは、
一度も「つらいよ」という言葉を口にしていないそうです。
「つらい」と言わないから、余計につらさが伝わるのです。
本当につらい人は、
「つらいよ」などと口に出さないものなのです。
もはや、「つらい」という言葉さえ口に出ないようになるのです。
「つらい、つらい」とつらがっている人は、
本当は、それほどつらい人ではないのです。
とことんつらい人は、
「つらい」というレベルを突き抜けて、
さわやかな顔をして、ニコニコ笑っているものなのです。

作るプロは、
見えないところも完璧に作る。
見せるプロは、
完璧に作られたところを見せる。

完璧主義者と言われる人は、たいてい優しい人です。

映画『八月の狂詩曲』の中で、

かやぶき屋根の上に、子供がボールを投げるシーンがあります。

もともと脚本にはなく、

ストーリーにもそれほど関係のないシーンです。

万が一カメラに映ることも考えて、

大道具さんはかやぶき屋根を用意したのです。

黒澤監督は、その大道具さんのプロ根性に応えるために、

わざと、ボールを屋根に投げさせたのです。

完璧主義者として知られる黒澤明監督は、

実は優しい人だったのです。

悪口を言っていると、
ボキャブラリーが貧しくなる。
ほめていると、
頭が良くなる。

イタズラ電話のボキャブラリーは、意外に少ないです。
100回を超えるようになると、
ほとんど同じ言葉を繰り返して叫んでいるだけです。
最後には失語症になって、無言電話になるのです。
イタズラ電話をかけているうちに、かけられているほうより、
かけている本人がノイローゼになっているのです。
悪口も、イタズラ電話と同じで、
人間の知能を低下させます。
愛の言葉には、無限のボキャブラリーがあります。
ほめる言葉や愛の言葉を常に話している人の知能は、
どんどん向上していくのです。

人生は、
ブラックコーヒーと同じ。
おいしさがわかってくれば、
砂糖は要らなくなる。

人生は、苦いブラックコーヒーのようなものです。

カフェインなどの刺激成分を含んだ飲み物で、甘いものはありません。

コーヒー、紅茶、ココア、日本茶、中国茶は、初めて口にした時は、苦いと感じるはずです。

ココアやチョコレートは、本来苦いものです。

甘いというイメージがあるのは、砂糖を加えてあるからです。

やがて砂糖を加えなくても、おいしいと感じるようになってきます。

それは、苦味の先に、心地よい刺激があるということを、体験的に知るようになるからです。

風邪をひいた時に
休む人が、
仕事に
真剣な人。

風邪で仕事を休む人は、思いやりのある人です。
風邪をひいて、咳《せき》をしているのに、会社へ出てくる人がいます。
これは、残念ながら、
風邪をひいているのに仕事をしているという
自己満足にすぎません。
咳をされて、風邪の菌をまきちらされて、
まわりの人にとっていい迷惑になっていることに、
本人が気がついていないだけなのです。
仕事が滞るから休まないというのが仕事熱心ではありません。
休みたくないけれど、
まわりの人に風邪をうつしたくないので休む人が、
本当に仕事熱心な人なのです。

人間には、2通りいる。
シャワーを
プールに入る前に浴びる人。
プールを出てから浴びる人。

プールの横のシャワーは、間違った使われ方をされています。
プールに入る前にシャワーを浴びないで、
プールを出る時にシャワーを浴びているのです。
本来は、プールの水を汚さないように、
まず自分をきれいにするために、
プールに入る前にシャワーを浴びるものです。
プールを出てシャワーを浴びるのは、
プールの中で汚れた自分の身体をきれいに洗うという発想です。
そうすると、プールの水はどんどん汚れていきます。
これは、プールだけに限らず、
日常生活すべての行動を通して、言えることなのです。

神様は、
大掃除をしてくれる。
モノが壊れるのは、
神様の大掃除。

大切なモノが壊れたり、なくなったりしても、
ガッカリすることはありません。
モノが壊れたり、なくなったりするのは、
神様がわざとしてくれているのです。

家を狭くしているのは、
「いつかは使うかもしれないモノ」ばかりです。
でも、なかなか捨てることはできません。
神様は、私たちの代わりに、大掃除をしてくれます。
モノが壊れるのは「もうそろそろ、買い替える時期ですよ」
ということを教えてくれているのです。
モノがなくなるのは、
「なくてもやっていけますよ」と教えてくれているのです。

神様は、
めったにもらわない人に、
おみやげを
届ける。

おみやげの上手な人は、
あまりおみやげをもらうことのない人のところへ
おみやげを持っていきます。
おみやげのヘタな人は、みんなが持っていくからという理由で、
たくさんおみやげをもらっている人のところへ、
わざわざ持っていきます。
いつも大勢の人からおみやげをもらっている人は、
誰からもらったものかわからなくなります。
誰からもおみやげをもらわなくても、
心配することはありません。
神様はおみやげ上手なので、
めったにおみやげをもらわないあなたのところに、
おみやげを届けてくれるはずです。

ドライスの量で
おみやげのありがたみがわかる。
遠くで買うから、
珍しがられる。

ドライアイスの量が少ないということは、
そのおみやげを近所で買ったということです。
おみやげは、長い距離をわざわざ運んでいくところに、
ありがたみがあります。

これは、何も精神論で言っているのではありません。
手を抜いて、相手先の近所で買うと、
誰が買ってもほとんど同じおみやげになってしまうからです。
自分の家の近くで買うと、
バリエーションが生まれます。
だから、重複することもなく、
珍しくて喜ばれるのです。

志が低くなると、
高い所のものを
取らなくなって
二の腕に脂肪がつく。

脂肪がいちばんつきやすいのは、肩とひじの間の裏側です。
通称二の腕の筋肉は、めったに使うことがありません。
頭より高い所のモノを下ろす時に、
二の腕の筋肉が使われます。
二の腕に脂肪がついている人は、
家の中で、高い所のモノを下ろす時に、
いつも誰かにやってもらっている人です。
二の腕に脂肪がつかずに、引き締まっている人は、
高い所のモノを下ろす時に、人に頼らず、
喜んで自分でしている人なのです。
志が低くなると、手を頭の上に伸ばさなくなるので、
二の腕がたるんでしまうのです。

スピードを出さないおばさんは、
大事故を起こさない。

運転のヘタなおばさんが、
大事故を起こしたという話は、
あまり聞いたことがありません。
恐る恐る運転しているおばさんは、
スピードを出さないからです。
スピードを出さない限り、
小さい事故を起こしても、
大事故にはならないのです。
一流のドライバーも、大事故を起こしません。
ヒヤリとする前に、スピードを落としているからです。
自分は運転がうまいと思っている自称〝一流ドライバー〟が、
いちばん危ないのです。

詐欺師の話術に
だまされるのではない。
自分の見栄に
だまされるのだ。

まったく知識のない人は、
詐欺にひっかかりません。
生半可に聞きかじりの知識がある人が、
詐欺にいちばんひっかかりやすいのです。
「もちろん、これはご存じですね？」と言われると、
「知らない」と言えずに、
「ええ、聞いたことがあります」と言ってしまうのです。
「さすがに、お詳しい。恐れ入りました」
と言われてしまったら、
もう詐欺師のペースです。

亡くなった人に、
助けられていることに感謝しよう。
もちろん、生きている人に
助けられていることにも。

私たちは、亡くなった人たちの魂に、
危ないところを何度も助けられています。
ただ私たちが、
助けられていることに気がついていないだけです。
間一髪助かったという時は、
すべて、亡くなった人たちの魂が、助けてくれたのです。
思い当たる節はありませんか?
助けられたことに気がつかないで、
自力で助かったと思い込んでいると、
今度から助けてくれなくなりますよ。
生きている人に助けられたことすら気がつかないようでは、
なおさらです。

簡単に儲かる商売は、
すぐつぶれる。
時間をかけて親しくなった友達は、
長続きする。

簡単に儲かる商売は、すぐつぶれます。
なかなか儲からない商売は、長持ちします。
大きな儲けになる商売は、すぐつぶれます。
儲けが小さい商売は、長持ちします。
簡単に知りあった友達は、
すぐにいなくなります。
親しくなるのに時間がかかった友達は、長持ちします。
できるまでが簡単で、しかも長持ちするものは、
1つもありません。
できるまでの時間と、
長持ちする時間は、常に同じなのです。

逃げ道がなくなると、
ヘルプの神様が現れる。
ヘルプの神様が現れないうちは、
まだ逃げ道がある。

行き詰まっているのに、
まだヘルプの神様が現れていないのですか？
行き詰まっているのに、
ヘルプの神様が現れないということは決してありません。
神様が現れないということは、
まだ逃げ道が残っているということです。
たいていの人は、行き詰まってもいないのに、
行き詰まったと騒いでいます。
ヘルプの神様が現れないうちは、
まだ脱出口があるのだと信じて、
探してみましょう。

あなた自身の
ファンになりましょう。
あなた自身に
ファンレターを書きましょう。

誰かのファンクラブに入っていますか？
ぜひ、あなたに入ってほしいファンクラブがあります。
それは、あなた自身のファンクラブです。
あなた自身に、ファンレターを書きましょう。
毎日、あなたを励ます会をしましょう。
あなた自身に声援を送りましょう。
あなた自身に、プレゼントを贈りましょう。
あなたは、あなたのファンクラブの会長です。
会員は、あなた1人で満員です。
特典は、あなたと交流できることです。

あなた自身が、
あなたを信じなければ
誰もあなたを
信じてくれません。

友達に信じてほしいですか？
まず、あなた自身が、あなたを信じましょう。
あなたが信じていないのに、
友達が信じてくれるわけがありません。
友達に助けてほしいですか？
まず、あなた自身が、あなたを助けましょう。
あなた自身が助けていないのに、
友達が助けてくれるわけがありません。
友達に好きになってほしいですか？
まず、あなた自身が、あなたを好きになりましょう。
あなたが好きにならないのに、
友達が好きになってくれるわけがありません。

枝の形は、
根の形と同じ。
枝を大きくしたければ、
根を大きくするだけでいい。

樹の、地上に出ている幹や枝の部分と、
地下で伸びている根の形は、まったく同じです。
地面を鏡にして、上下対称なのです。
背の高い樹は、根が深く、
枝幅の広い樹は、幅の広い根を持っています。
背の高い樹を育てようと思ったら、根を深く伸ばすことです。
枝を広げようと思ったら、根を広げることです。
見える幹や枝ばかり大きくしようとしても、
見えない根が小さいままなら、
大きくすることはできません。
見えないところで根を広げておけば、見える幹や枝は、
あっという間に大きく広がっていきます。

飛行機の中のハエは、
時速1000キロで
飛んでいるのではない。
飛行機が飛んでいるだけだ。

飛行機にもぐりこんだハエがいました。
ハエは自慢しました。
「オレは、時速1000キロで飛んでいる」と。
でも、時速1000キロで飛んでいるのは、
ハエではなく、飛行機なのです。
こんなハエは、そこら中にいます。
一流会社に入って錯覚しているハエ。
お金持ちの家に生まれたことを錯覚しているハエ。
美人に生まれたことを錯覚しているハエ。
成功したからといって、勘違いしてはいけません。
自力で成功したのではなく、
神様の飛行機に乗って成功しただけなのですから。
謙虚なハエになりましょう。

人生に必要なもので、
ＡＢＣストアに
売ってないものはない。
ハワイに行ってから、買えばいい。

人生の岐路の手前で立ち止まって踏み出せないでいる人は、
ハワイへ行くのに、荷物をたくさん抱えているようなものです。
ハワイで、万が一、寒波が襲った時のために、
マフラーとコートをスーツケースに入れました。
万が一、豪雪に閉じ込められた時のために、
雪かき用の大きなスコップも入れました。
結局、万が一、
ひょうが降った時のためのヘルメットが見つからないので、
ハワイ行きを断念しました。
とにかく行けばいいのです。
人生に必要なもので、
ABCストアで売ってないものはありません。

人生のドラマは、
長編連続ドラマ。
1回や2回見逃しても、
取り戻せる。

ドラマは、1回でも見逃すと、
それっきり見なくなってしまいます。
録画したドラマを見ようとしたら、野球放送が延長していて、
入っていなかったというのは、よくある話です。
でも、人生というドラマは、長編です。
365回×70年としても、
約2万5000回にわたる長編連続ドラマです。
1回や2回くらい欠けたところで、ストーリーがわからなくなることはありません。
1回くらい見逃したからといって、
あきらめることはないのです。
なにしろ主人公は、あなた自身なのですから。

神様の交換条件――
他人の失敗を許そう。
その代わり、
あなたの失敗も許そう。

神様は、交換条件を出してくれました。
「あなたのまわりにいる人のミスを、許してあげましょう。
その代わり、あなたのミスも許してあげましょう」
この素晴らしい交換条件で、
2人の人の罪が許されました。
最悪の交換条件は、
「自分のミスを許さない代わりに、他人のミスも許さない」
ということです。
これでは、2人の人が犠牲になります。
他人に甘く、そして自分にも甘くしてあげましょう。
とくに自分に厳しすぎていませんか？

美術館には
タイトルを
読みに行くのではなく、
絵を味わいに行こう。

絵の展覧会に行くと、ずいぶん絵に近寄る人がいます。
「なるほど」と言って、次の絵に移っていきます。
その人は、絵のタイトルを読んでうなずいているのです。
その人は、絵を観に来たのではなく、
タイトルを読みに来たのです。
タイトルを読み終わると、ほとんど絵を観ないで、
次の絵のタイトルを読み始めているのです。
タイトルを読まないと、なんだか落ち着かないのです。
こういう人は、展覧会にはよくいます。
人生においても、絵を味わう人と、
タイトルだけ読んでいる人の、2通りいます。

「お疲れさま」

と言う代わりに、

「ありがとう」

と言おう。

芸能界でなくても、
高校生までもが「お疲れさま」と言うようになりました。
挨拶は、決まり文句になってしまった時点で、
気持ちがこめられなくなります。
「お疲れさま」という挨拶も、決まり文句でない間は、
気持ちがこもっていました。
「お疲れさま」は、感謝の表現ではなく、別れの挨拶なのです。
ところが、「ありがとう」の代わりに、
「お疲れさま」と言ってしまっている人が、大勢います。
「お疲れさま」と言われるより、
「ありがとう」と言われるほうが新鮮です。
気持ちが込められているのです。

言い訳とお詫びを省けば、
スピーチは、
30秒になる。
しかも喜ばれる。

スピーチがうまくなるには、
スピーチの最初の、お詫びと言い訳を省略するだけでいいのです。

「諸先輩を差しおきまして……」

「突然のご指名で……」

「私事で恐縮ですが……」

「一段高いところから……」

ベストのスピーチの長さは、30秒です。

30秒にムリに縮めようとするから、難しいのです。

何も考えずに、お詫びと言い訳を省略すれば、30秒に収まります。

ヘタな挨拶は、ほとんどが、お詫びと言い訳です。

たった30秒では失礼になるでしょうか。

長い挨拶を聞かせるほうが、ずっと失礼なのです。

「困った時には、これを開けよ」
一休さんの遺書を開けると
こう書かれていた。
「心配するな。なんとかなる」

一休さんは、奥の深い人生哲学を
トンチという形でわかりやすく表現した人です。
一休さんが亡くなる時に、
弟子たちに1通の封書を遺書として残しました。
「この先、困ることがあったら、これを開けなさい」
一休さんが亡くなると、寺は経営困難になりました。
さすがは一休さん。
経営困難になるのを予測して、
お金のつくり方を書いておいてくれたのかと、
弟子たちは、遺書を開けました。
そこには、こう書かれていました。
「心配するな。なんとかなる」
これこそ、一休さんの究極の人生哲学なのです。

◎あとがき◎

「恩人ノート」を作ろう。
ノートに書き込むたびに、
助けてくれる人に
出会えるようになる。

恩人と呼べる人がいますか？
自分を助けてくれる人なんていないという人は、
「恩人ノート」を作りましょう。
お世話になった人を、書き並べていくのです。
大切なことを教えてくれた人。
チャンスをくれた人。
人を紹介してくれた人。
落ち込んだ時、元気を出させてくれた人。
悪口の輪に加わって悪口を言わなかった人。
面白いもので、リストアップを始めると、
どんどん、あなたを助けてくれる人に出会えるようになります。
この本を読んでくれたあなたも、
私の「恩人ノート」に書き加えました。

中谷彰宏　主な著作リスト

恋愛論・人生論

『人生は、オーディションの連続だ。』
『犬を飼うと、恋人ができる。』
『都会に住んで、元気になろう。』
『泣きながら、笑おう。』
『大人の「ライフスタイル」美人になろう』
『好きなことをやって、成功する法則。』（竹村健一共著）
『人生をデザインする48の方法』（コジノジュンコ共著）
『なぜあの人は「存在感」があるのか』
『何もいいことがなかった日に読む本』
『運は使えば使うほど、増える。』（小林祥晃共著）
『お金のかからない222の大人のプレゼント』
『ムシャクシャを元気にする333の方法』
『恋の奇跡のおこし方』
（以上、PHP研究所）
『100歳まで元気に生きるために今できる43の方法』
『破壊から始めよう』『一流の勉強術』
『20代自分らしく生きる45の方法』
『免疫力を高める86の方法』（野本亀久雄共著）
『ピンチを楽しもう』
『本当の自分に出会える101の言葉』
『大人になる前にしなければならない50のこと』

『自分で思うほどダメじゃない』
『人を許すことで人は許される』
『学校で教えてくれない50のこと』
『60秒で奇跡は起こる』『失敗を楽しもう』
『20代でしなければならない50のこと』
『30代でしなければならない50のこと』
『ケンカに勝つ60の方法』
『自分のためにもっとお金を使おう』
（以上、ダイヤモンド社）
ポストカード『会う人みんな神さま』（DHC）
『幸せになる香り』『幸せになる響き』
『君はこんなに素晴らしい』
『想い出の中にいつも君がいる』
『幸せになる手ざわり』（以上、スパイク）
文庫『背中を押してくれる50のヒント』
文庫『「恋愛運」を味方にする本』
文庫『想いは、かなう』
文庫『自分の魅力に気づく50のヒント』
文庫『前向きになれる50のヒント』
文庫『気持ちが楽になる50のヒント』
文庫『涙をこらえている君に』
文庫『みっともない恋をしよう』
文庫『お金で苦労する人 しない人』

『29歳からの「一人時間」の楽しみ方』
『25歳からの「いい女」の時間割』
『だから、君といるとハッピーになる』
『運命の人《ソウルメイト》と結婚するために』
『セックスの話をしよう』
『なりたい私になる』
『喜びは与えれば与えるほど与えられる』
『知性で運を開く』『一行日記』
『人生を愉しむ50のヒント』
『心の中に火をつける50のヒント』
『魔法の時間をつくる50のヒント』
『昨日のノーは、今日のイエス』
『僕が君に魅かれる理由』（以上、三笠書房）
『足の裏を見るとその人がわかる』（ネスコ）
文庫『キッカケがわかる心理テスト』
文庫『才能を見つける心理テスト』
（以上、成美堂）
『大人のホテル』（オータパブリケーションズ）
『占いで運命を変えることができる』
『あなたにはツキがある』（以上、説話社）
『人生の答え』（テリー伊藤共著）
『自信がよみがえる58の方法』（日下公人共著）
『おもしろおかしく』

『人生の錬金術』『王様の勉強法』
（以上、メディアワークス）
『話芸王』『ほめ芸王』
『自分がブランドになる』
『「同い年」には共通点がある』
（以上、PARCO出版）
『キスに始まり、キスに終わる。』
（加藤鷹共著／KKロングセラーズ）
『子供を自立させる55の方法』
『子供は、ガンコな親を求めている』
『親を教育する62の方法』
『顰蹙《ひんしゅく》のススメ』
『煩悩のススメ』
『道楽のススメ』
（以上、TBSブリタニカ）
『恋愛女王』『「裏」恋愛論』
『生き方のモデルになろう』
『カッコイイ女の条件』（以上、総合法令出版）
『南青山の天使』
（全日出版）
『危ない男と、つきあおう』
『尊敬できる男と、しよう』
『口説かれる自信を、持とう。』
（以上、大和書房）

『自分リストラ術』
『あなたが変わる自分アピール術』
（以上、幻冬舎）
『和田一夫さんに「元気な人生」を教えてもらう』
（中経出版）
『壁に当たるのはキモチイイ 人生もエッチも』
（サンクチュアリ出版）
『挨拶の数だけ幸せになれる』（海竜社）

ビジネス

『人を動かせる人の50の小さな習慣』
『オヤジにならない60のビジネスマナー』
『スピード整理術』『ナニワ成功道』
『うまくいくスピード営業術』
（以上、PHP研究所）
『面接の達人』シリーズ
『受験の達人２０００』
『なぜあの人は集中力があるのか』
『なぜあの人は人の心が読めるのか』
『健康になる家 病気になる家』
『泥棒がねらう家 泥棒が避ける家』
『なぜあの人は仕事が速いのか』
『スピード自己実現』

『スピード開運術』
『スピード問題解決』
『スピード危機管理』
『スピード決断術』
『大人のスピード時間術』
『スピード情報術』
『お客様のファンになろう』
『スピード顧客満足』
『スピード意識改革』
『アメリカ人にはできない技術 日本人だからできる技術』
『携帯で声の大きくなる男 デート中にメールを打つ女』
『成功するためにしなければならない80のこと』
『なぜあの人は問題解決がうまいのか』
『成功の方程式』『しびれるサービス』
『大人のスピード思考法』
『しびれる仕事をしよう』
『しびれるブランドを作ろう』
『「アホ」になれる人が成功する』（木村政雄共著）
『大人のスピード説得術』
『ネットで勝つ』『eに賭ける』
『お客様に学ぶサービス勉強法』
『大人のスピード仕事術』
『大人のスピード読書法』

『スピードサービス』『スピード人脈術』
『スピード成功の方程式』
『大人のスピード勉強法』
『スピードリーダーシップ』
『今やるか一生やらないか』
『なぜあの人の話に納得してしまうのか』
『人を喜ばせるために生まれてきた』
『一日に24時間もあるじゃないか』
『もう「できません」とは言わない』
『お金は使えば使うほど増える』
『お客様が私の先生です』
『今からお会いしましょう』
『出会いにひとつのムダもない』
『お客様がお客様を連れて来る』
『なぜあの人は気がきくのか』
『お客様にしなければならない50のこと』
『なぜあの人は困った人とつきあえるのか』
『管理職がしなければならない50のこと』
『なぜあの人はお客さんに好かれるのか』
『なぜあの人は運が強いのか』
『なぜあの人は時間を創り出せるのか』
『独立するためにしなければならない50のこと』
（以上、ダイヤモンド社）

『あなたのお客さんになりたい！2』
『あなたのサービスが忘れられない！』
文庫『あなたのお客さんが戻って来る！』
文庫『あなたのお客さんになりたい！』
文庫『あなたの部下になりたい！』
（以上、三笠書房）
『時間塾』『企画塾』『交渉塾』
『人脈塾』『情報塾』『成功塾』
『自分塾』
（以上、サンマーク文庫）
『億万長者はガレージから生まれる』
『その他大勢から抜け出せ』
『複業で成功する58の方法』
（以上、成美堂文庫）
『レストラン王になろう2』
『レストラン王になろう』
『サービス王になろう』
『サービス刑事』『改革王になろう』
『私をホテルに連れてって』
（窪山哲雄共著）
『サービス王になろう2』
『ホテル王になろう』
『ホテル王になろう2』
（以上、オータパブリケーションズ）

『人を動かすコトバ』（実業之日本社）
『あと「ひとこと」の英会話』
（浜家有文子共著／DHC）
『プロデューサーは次を作る』（小室哲哉共著）
（飛鳥新社）
『デジタルマナーの達人』（小学館）
『技術の鉄人・現場の達人』（牧野昇共著）
『情報王』（長谷川慶太郎共著）
（以上、ビジネス社）
文庫『節目に強い人が成功する』
文庫『マニュアルにないサービスが成功する』
文庫『成功する人 しない人』
（以上、廣済堂）
『ホスト王に学ぶ82の成功法』
『オンリーワンになろう』
（以上、総合法令出版）
マンガ版『ここまでは誰でもやる』（たちばな出版）

小説

『受験王になろう』（ダイヤモンド社）
『恋愛不倫』『恋愛運命』『恋愛美人』
『恋愛旅行』『恋愛日記』『恋愛小説』
（以上、読売新聞社）

この作品は、一九九七年九月にダイヤモンド社より刊行された。

著者紹介
中谷彰宏（なかたに　あきひろ）
1959年4月14日、大阪府堺市生まれ。早稲田大学文学部演劇科卒。博報堂のCMプランナーを経て、執筆活動へ。恋愛エッセイ・小説から人生論、ビジネス書まで、多くのロングセラー・ベストセラーを送りだす。舞台やドラマ出演など、幅広い分野で活躍中。

※本の感想など、どんなことでも、お手紙を楽しみにしています。
他の人に読まれることはありません。僕は、一生懸命読みます。
中谷彰宏

〒102-8331　千代田区三番町3番地10
PHP研究所　文庫出版部気付　中谷彰宏　行
＊食品、現金、切手などの同封は、ご遠慮ください。[出版部]

[中谷彰宏ホームページ] http://www.an-web.com
http://www.an-web.com/i/（iモード）

PHP文庫　人は短所で愛される

2002年10月15日　第1版第1刷

著　者　中谷彰宏
発行者　江口克彦
発行所　PHP研究所
東京本部　〒102-8331　千代田区三番町3-10
文庫出版部　☎03-3239-6259
普及一部　☎03-3239-6233
京都本部　〒601-8411　京都市南区西九条北ノ内町11
PHP INTERFACE　http://www.php.co.jp/
印刷所
製本所　図書印刷株式会社

ISBN4-569-57824-1